A Pillow Stuffed With Diamonds:
Tanka on La Vida Mexicana

o

Una Almohada Rellena con Diamantes:
Tanka sobre La Vida Mexicana

BILINGUAL EDITION
Translations by
Margaret Van Every, Andrés Velásquez, and Rubén Varela

o

EDICIÓN BILINGÜE
Traducciones a español por
Margaret Van Every, Andrés Velásquez, y Rubén Varela

Margaret Van Every

A Pillow Stuffed with Diamonds: Tanka on La Vida Mexicana
Una Almohada Rellena con Diamantes: Tanka sobre La Vida Mexicana

by Margaret Van Every

A bilingual edition with Spanish translations
by Margaret Van Every, Andrés Velásquez, and Rubén Varela

Cover art and book design by Robert R. Burke

Published by Librophilia
Tallahassee, Florida USA

ISBN 978-0-9845025-1-6

ACKNOWLEDGEMENTS /AGRADECIMIENTOS

The author gratefully acknowledges *Atlas Poetica* in which the following tanka were first published:

* *Ay de mí, Catrina*
* For your infraction
* Obstructing the path
* The full moon ascends
* *La regla de oro*
* Raúl the gardener
* Mamá named him Jesús
* The gate that keeps them out
* Throughout the village
* Your ring that's missing
* He sells his paintings
* In my wallet
* Men follow her home
* Thirty minutes drag
* *Las señoritas*
* Horse and farrier
* The diners wear jeans
* Every day the dust

* *Alacrán*
* They never slack off
* The body of Christ
* Now that witchcraft
* *Ahora que la brujería*
* Mexican law will bless
* *La ley mexicana bendecirá*
* To Toluca
* *Para Toluca*
* From under a truck
* *Debajo de un camión*
* Scorpion shoes
* *Zapatos para alacranes*
* Lining our roads
* *A los lados de nuestros caminos*
* Hobbling through this village
* In Mexico, where

I wish to thank James Tipton of Ajijic, who first introduced me to the joys of compressing a world into five lines. Right up there, too, is my dear friend Bob Burke, who designed the book and all its art, whose imagination distilled the essence and spirit of the book into beautiful yet whimsical graphics. Many thanks to Ofelia Valdez and Guillermo Moreno, and especially to Andrés Velásquez, who translated Jim Tipton's introduction and made poetry of my tanka translations. Thanks, too, to Rubén Varela, my friend and mentor in the modismos that make Mexican Spanish so rich and delightful.

Por encima de todo, quiero agradecer a James Tipton de Ajijic, quien me introdujó al placer de comprimir todo un mundo en cinco líneas. Así mismo, también, mi querido amigo Bob Burke, quien diseñó el libro y el arte que contiene y cuya imaginación captó su esencia y espíritu en bellas e ingeniosas imágenes. Muchos agradecimientos a Ofelia Valdez y a Guillermo Moreno, y especialmente a Andrés Velásquez, quien tradujó la introducción de Jim Tipton e hizo poesía de mis traducciones de tanka al español. Gracias a Rubén Varela, mi amigo y mentor en los modismos que hacen el español mexicano tan rico y divertido.

To all the gringos and mexicanos
who contribute to the cultural collage
described in these pages.

o

Para todos los gringos y mexicanos
que contribuyen al montaje cultural
descrito en estas páginas.

INTRODUCTION TO THE SECOND EDITION
by the Author

What prompted a second edition of *A Pillow Stuffed with Diamonds* was my desire to offer readers the missing half—namely the Spanish translations. We hope these will enable Mexicans to also enjoy one gringa's wry but loving portrait of their beautiful country and culture. They may be surprised to discover what we think of certain things. It will also enable those who've adopted Mexico as their home to increase their delight in the language spoken here.

In the translations I have tried to capture the attitude and gist of each tanka in English, but a word for word translation would have sacrificed much of the fun. Instead I went for the colorful idioms—*mexicanismos*—that spice their communication and for which Mexican Spanish is so well known. I also made little effort to preserve the tanka form in translation. The Spanish language simply requires far more words to say the same thing and doesn't lend itself well to the linguistic shorthand accepted by tanka writers and appreciators.

A few revisions were made on tanka appearing in the first edition, and some dozen or so new tanka have been added to the mix. May you enjoy the trip.

Margaret Van Every
San Antonio Tlayacapan
Jalisco, México
April 2011

Prólogo a La Segunda Edición
por la autora

Lo que motivó una segunda edición de Una Almohada Rellena con Diamantes *fue mi deseo de ofrecer a los lectores la mitad que faltó–es decir la traducción en español. Espero que estas permitirán a los mexicanos disfrutar también el retrato pintado por una gringa amadora del país y la cultura tan bella. Tal vez los sorprenderá al descubrir lo que piensan los extranjeros de ciertas cosas. También permitirá a aquéllos que han adoptado a México como su hogar aumentar su placer en la lengua de aquí.*

He tratado de captar el actitud y esencia de cada tanka en inglés, pero no era posible hacer una traducción palabra por palabra sin sacrificar una gran parte de la diversión. En lugar de eso fui por los modismos y mexicanismos–una especie de comunicación para que el español de México es bien conocido. También hice poco esfuerzo por preservar la forma tanka en la traducción. El idioma español requiere más palabras para decir lo mismo y no se presta bien a la taquigrafía lingüística aceptada por los escritores y apreciadores de tanka.

Unas revisiones estuvieran hechas en varios poemas de la primera edición y unas doce tanka nuevas han sido añadidas a la mezcla. ¡Que disfruten del viaje!

Margaret Van Every
San Antonio Tlayacapan
Jalisco, México
abril de 2011

INTRODUCTION
By James Tipton

Mexicans love to celebrate. Not counting family fiestas,
the Mexican calendar counts more than sixty official fiesta
days—everything from Independence Day and Day of the
Revolution to Day of the Immaculate Conception and Day of
the Nationalization of the Petroleum Industry. And lest you
get to liking silence on the off days, each town annually holds a
nine-day celebration called a novenario, organized around their
chosen protector-saint.

This year there will be more celebrations than usual, because
2010 marks both the 200th anniversary of Mexico's War
of Independence (from Spain), 1810-1821, and the 100th
anniversary of the Mexican Revolution, the civil war that lasted
1910-1920.

Those of us who love poetry have something else to celebrate
this year—the little book you now hold in your hands, Margaret
Van Every's collection of tanka, *A Pillow Stuffed with Diamonds*,
a remarkable gathering of short poems that themselves celebrate
life in Mexico.

Crossing the border into Mexico, Margaret finds herself
in a world that is strange, fascinating, sensual, amusing, and
exciting. It is a world where *charros* (cowboys) attend mass
before a rodeo . . . *with their horses*; a world where death is
dressed up with fancy frills and hats, somehow leading the way;
a world where a man gallops home at dusk with his little baby
asleep in his arms; a world where hopeful mothers name their

sons Jesus and where all day men ride "leisurely to nowhere."

I had the pleasure of reading some of Margaret's tanka in earlier versions, and I was struck then by how capable Margaret was at rendering into five-line poems her experiences south of the border. Here, in the finely tuned final versions, I find one delight after another.

The tanka form that Margaret uses lends itself well to comments about love and romance, and indeed about daily life. The tanka is a five-line, unrhymed poem that originated in Japan over 1300 years ago. Ladies of the Japanese Imperial Court developed the simple form to send seductive messages to potential lovers as well as to comment on the development and often the conclusion of the affair. Historically at least, the form is often erotic, often filled with longing, and equally often very down to earth.

Some of Margaret's tanka, in both their subject matter and their imagery, remind me of some of the tanka written by those courtly ladies of old like Ono no Komachi (834?-?) and Izumi Shikibu (974?-1034?).

Only at night
la reina de la noche* opens
to seduce one moth,
her blossom spent by dawn
whether or not he comes.

*Spanish name for Night Blooming Cereus

Likewise the wry humor of some of those early Japanese tanka is reflected in many of Margaret's tanka: the night air that drifts over "our bed" is an "inseparable fusion" of "jasmine and skunk." Or in this observation of a couple dancing, "His eyes are level with her tits,/an odd couple/attempting tango."

I have read thousands of tanka, ancient and modern, and a common pattern is this: the first three lines "set the scene," with the third line of the first three often preparing us for a shift. The last two lines bring something in the scene to sharp focus, or shift us to a detail that suddenly illuminates, or lifts us to an "ahhh, yes" experience. Let's look at this pattern at work in one of Margaret's tanka:

> *Las señoritas*
> of the *charro* ride sideways
> lest they discover
> too soon the pleasures
> of straddling a galloping steed.

Mexico is charming, and I continue to live here because I like it, but often events in daily life are frustrating and irritating. Everyone who lives here is bothered by the huge amount of thievery. Margaret looks at this in several tanka, turns the irritation to a philosophical amusement, and softens our anger. She tells us the word "theft" does not really exist in the vocabulary of the perpetrators, and that "The goods in question/are merely liberated/or redistributed." Don't dwell on your missing ring, "It has a new life now/on some else's finger./ Like your love, it's traveled."

She even allows mosquitoes into her tanka but she instructs them this way: "Bite if you must/ . . . but don't serenade me first."

I love children, and they are so much a part of Mexican life. Margaret watches them "kick the ball around the field,/scoring incidental." And she studies them wearing the masks of old men and women, "bent, tapping canes, doing the dance of *viejitos*."

Whether writing about thieves or children or mosquitoes or horses or beggars or barking dogs, Margaret Van Every is a woman who loves Mexico and her own life in Mexico.

One Mexican assured me that tequila with lime and salt is actually a *comida completa*. All you really need to survive . . . although he added that the occasional *bolillo* (big roll—crusty on the outside, chewy on the inside) and *frijoles* (beans) could help with the digestion.

Margaret's tanka are like *comida completa*. Reading them this morning, I feel well fed. When I feel well fed I realize I have been celebrating life. And that, they tell me in these little villages, is what it's all about.

James Tipton
Chapala, Jalisco
Mexico
February 22, 2010

PRÓLOGO

Por James Tipton

Traducido por Andrés Velásquez

A los mexicanos les encanta celebrar. No contando las fiestas de familia, el calendario mexicano cuenta con más de sesenta días de fiesta oficiales – de todo, desde el Día de la Independencia y el Día de la Revolución al Día de la Inmaculada Concepción y el Día de la Nacionalización de la Industria Petrolera. Y a no ser que usted prefiera el silencio en aquellos días, anualmente cada pueblo lleva a cabo una celebración de nueve días conocida como novenario alrededor del santo patrón de la región.

Este año se llevarán a cabo más celebraciones de lo acostumbrado porque el año 2010 marca dos aniversarios importantes—200 años desde la Independencia Mexicana de España, 1810-1821, y 100 años desde la Revolución Mexicana, la guerra civil que duró desde 1910 hasta 1920.

Para quiénes aman la poesía habrá una razón más para celebrar este año—este pequeño libro que tiene en sus manos, una colección de tanka escrita por Margaret Van Every, *Una Almohada Rellena con Diamantes*, una excelente compilación de poemas cortos que a su vez celebran la vida en México.

Al cruzar la frontera de México, Margaret se encuentra con un mundo que es extraño, fascinante, sensual, divertido y estimulante. Es un mundo donde los charros van a misa antes de la charrería… con sus caballos; un mundo donde la muerte se viste de gala y con sombreros, de alguna forma haciendo de guía; un mundo donde un hombre galopa a casa cargando a su bebé dormido en brazos; un mundo donde madres llenas de esperanzas bautizan a sus hijos Jesús y los hombres cabalgan tranquilamente a ninguna parte.

Tuve el placer de leer algunas de las tanka de Margaret en sus versiones iniciales, y me impresionó su habilidad para rendir en poemas de cinco líneas sus experiencias al sur de la frontera. Aquí, en la afinada versión final, encuentro un placer tras otro.

La forma de tanka que Margaret utiliza se presta muy bien para hacer comentarios sobre lo romántico, el amor y la vida cotidiana. Tanka es un poema de cinco líneas sin rima cuyo origen data de hace más de 1300 años en Japón. Las damas de la corte imperial desarrollaron esta simple forma poética para enviar seductivas misivas a amantes potenciales así como para hacer comentario respecto al desarrollo y a menudo la conclusión de tales relaciones. Historicamente la forma es a menudo erótica, llena de anhelo, manteniendo los pies en la tierra.

Algunas de las tanka de Margaret, tanto en su sujeto como en las imágenes que presenta, me recuerdan de tanka escrita por aquellas cortesanas de antaño como Ono no Komachi (834?-?) e Izumi Shikibo (974?-1034?).

> Sólo en la noche
> se abre la reina de noche
> para seducir a una polilla,
> su florecer gastado al amanecer,
> venga o no él.

Así mismo, el humor seco de aquellas antiguas tanka japonesas es reflejado en muchas de las tanka de Margaret: el aire nocturno que se desliza sobre "nuestra cama" es una "fusión inseparable" de "jazmín y zorrillo." O en la siguiente observación de una pareja bailando, "Sus ojos al nivel de sus pechugas,/una pareja dispareja/intenta bailar tango."

He leído miles de tanka, antiguas y modernas, y un patrón común es el siguiente: las primeras tres líneas "presentan la escena," con la tercera línea por lo general preparándonos para un cambio. Las dos últimas líneas presentan un enfoque fuerte sobre algo en la previa escena, o una transición a un detalle que de repente ilumina, o nos eleva a sentir un momento de "ahhh, ya veo." Veamos como este patrón funciona en la siguiente tanka de Margaret:

> Las Adelitas de la charreada
> montan a la amazona
> para que no descubran
> demasiado pronto los placeres
> de montar a horcajadas un caballo galopante.

México es encantador, y yo continuo viviendo aquí porque me gusta, pero a menudo eventos cotidianos son frustrantes e irritantes. Quiénes viven aquí detestan la cantidad de robos que ocurre. En varias tanka, Margaret da un divertido giro filosófico a este malestar que abate nuestra irritación al respecto. Nos dice que la palabra "robo" no forma parte del vocabulario de los ladrones, y que "los bienes en cuestión/son simplemente liberados o redistribuidos." No te obsesiones con el anillo perdido, "Tiene una nueva vida/en el dedo de otra./Como tu amor, ha viajado."

Hasta los zancudos forman parte de su tanka pero ella les ofrece instrucciones: "Pícame si debes/… pero no me des serenata primero."

Yo adoro a los niños y ellos forman una gran parte de la vida mexicana. Margaret los mira pateando "la pelota en el campo,/ los goles incidentales." Y los observa en máscaras de viejos, "torcidos, golpeando sus bastones," haciendo el baile de los viejitos.

Si escribiendo acerca de ladrones o niños o mosquitos o caballos o limosneros o perros ladrando, Margaret Van Every es una mujer que ama a México y su vida en México.

Un mexicano me aseguró que tequila con limón y sal es de hecho una comida completa. Todo lo que se necesita para sobrevivir… aunque agregó que un bolillo con frijoles de vez en cuando ayuda a la digestión.

La tanka de Margaret es como una comida completa. Al leerlas esta mañana me siento bien alimentado. Cuando me siento así me doy cuenta que he estado celebrando la vida. Y eso, me cuentan por estos pequeños pueblos, es el punto de todo.

James Tipton
Chapala, Jalisco
México
22 febrero de 2010

A PILLOW STUFFED WITH DIAMONDS:
TANKA ON LA VIDA MEXICANA

o

UNA ALMOHADA RELLENA CON DIAMANTES:
TANKA SOBRE LA VIDA MEXICANA

BILINGUAL EDITION
EDICIÓN BILINGÜE

Crossing this frontier,
hearts pound, palms sweat.
We dread we'll get the red light,
strangers will unlock our bags,
rifle through our secrets.

o

Cruzando la frontera,
los corazones palpitan, las palmas sudan
con temor a que nos toque la luz roja.
¡Extraños nos abrirán las maletas;
esculcarán en nuestros secretos!

Beyond the river,
desert stretches out full length,
sensuous woman who hates sex.
Mountains thrust up
to indifferent sky.

o

Más allá del río
se abre a lo ancho el desierto,
mujer sensual que odia el sexo.
Las montañas se empujan
hacia un cielo indiferente.

Gringo is our name, oh,
not *estadounidense**
or *americano*.
It's lost its sting—
they don't want our green to go.

o

Gringo nos llaman,
no *estadounidense*
o *americano*.
El nombre ha perdido su picazón;
no quieren que nuestros verdes se vayan.

Mexicanos know
how to party with gusto;
gringos aren't sure
whether it's bad breeding
or something to aspire to.

o

Los mexicanos saben
divertirse en serio;
los gringos no están seguros
si es mala educación
o algo a que aspirar.

In wizened masks
children dance the dance of old folks,
bent, tapping canes;
they make us laugh so hard
we can't hold back our tears.

o

Tras máscaras marchitas
niños bailan la Danza de los Viejitos,
torcidos, golpeando sus bastones.
Nos hacen reír tanto
que no podemos contener las lágrimas.

Dear me, Catrina,*
are you smart or simply vain?
You have set the style
with your fancy frills and hats,
and we are soon to follow.

*Dapper skeleton, an image originated by
Mexican engraver José Guadalupe Posada
in 1910.

o

Ay de mí, Catrina!*
¿Eres sabia o una fanfarrona?
Has creado la moda
con tus sombreros y ropa fina,
y estamos prontos a seguirte.

*La Catrina (La Calavera Garbancera),
imagen creada por José Guadalupe
Posada, grabador mexicano, en 1910.

Red Hat Tamales*
flaunt their indifference
to arched brows and snickers
but wear their badge of courage
only when together.

*The Red Hat Society in Chapala, Jalisco

o

Las Red Hat Tamales*
alardean de su indiferencia
a burlas y cejas arqueadas
pero se ponen su placa de valentía
sólo cuando se encuentran juntas.

*La Sociedad de Sombreros Rojos

In the crush of the market
a tug at your sleeve.
Invisible waif,
barefoot on cobblestones,
earns her next meal.

o

En el tianguis
un jalón a la manga.
Chiquilla invisible,
sobre calles empedradas descalza,
gana su próximo alimento.

Obstructing the path,
a blind beggar sings off key.
I'll plunk my pesos
in the cup of the one who
winks at me and sings in tune.

o

Obstruyendo la senda
un mendigo ciego desafina.
Pondré mis pesos en la taza
de aquél que me guiña
y canta afinado.

This beggar doesn't beg;
her cup does all the asking.
Her job is to smile.
Tissue folded in the cup
muffles the unseemly clink.

o

Esta mendiga no mendiga;
sólo su taza suplica.
Su trabajo es sonreír.
El papel al fondo de la taza
amortigua el tintineo indecoroso.

To the tianguis*
for fruits and veggies!
To the tianguis
for love of the vendors!
Smiles and kisses free!

market

o

¡Al tianguis
por frutas y verduras!
¡Al tianguis
por amor de vendedores!
¡Sonrisas y besos gratis!

The woman from Madrid
undulates her hips slowly
to the salsa beat,
insists *los mexicanos*
don't understand this dance.

o

La madrileña
ondula suave las caderas
al ritmo de la salsa,
insiste en que los mexicanos
no comprenden este baile.

While the master strums,
you on the front row keep time
with your stupid fan.
Back and forth it goes—
creaky metronome.

o

Mientras el maestro rasguea,
tú en primera fila
mantienes tiempo
con tu pinche abanico—
metrónomo chirriante.

"Theft" does not exist
in the Mexican lexicon.
The goods in question
are merely liberated
or redistributed.

o

"El robo" no existe
en el léxico mexicano.
Los bienes en cuestión
son meramente liberados
o redistribuidos.

In my wallet
only as many pesos
as I care to lose.
Wanting their share: thief, beggar,
and law enforcement officer.

o

En mi cartera
sólo los pesos
que estoy dispuesta a perder.
Buscando su porción: ladrón, mendigo,
y oficial de la ley.

The gate that keeps them out
keeps us in.
Like scorpions,
those beyond the pale
will come to us over the wall.

o

La reja que los mantiene fuera
nos mantiene dentro.
Como alacranes,
aquéllos más allá de los límites
por encima del muro vendrán.

The gringa protests
she has no fear
of the thief who comes in the night,
but why does she sleep
on a pillow stuffed with diamonds?

o

La gringa protesta
que ella no teme
al ladrón que por la noche viene,
pero ¿por qué duerme
sobre una almohada rellena con diamantes?

Your ring that's missing,
don't think of it as stolen.
It has a new life now
on someone else's finger.
Like your love, it's traveled.

o

Tu anillo que ha desaparecido,
no pienses en él como robado.
Tiene una nueva vida
en el dedo de otra.
Como tu amor, ha viajado.

He sells his paintings
at the Wednesday tianguis.
The one I purchased
is far better, he boasts,
than Rivera's original.

o

Él vende sus cuadros
en el tianguis del miércoles.
El que compré,
se jacta, es mucho mejor
que el original de Rivera.

That Rolex
you bought at the tianguis
was a steal!
It looks real good on you
and works just fine.

o

¡Ese Rolex
que compraste en el tianguis
fue una ganga!
Se te ve muy bonito
y funciona bien.

We're honest gringos,
though our music, movies, software
may be stolen.
We're no thieves! Our problem is
we can't resist a bargain.

o

Somos gringos honestos,
aunque nuestras música, películas,
software puedan ser robadas.
¡No somos ladrones! El problema es
que no podemos resistir una ganga.

Drugs are legal here,
all kinds of drugs, so they say,
for your use only.
Just don't try to buy them;
their sale is not permitted.

o

Las drogas son legales aquí,
todo tipo de drogas, dicen,
sólo para uso personal.
Pero no trates de comprarlas;
su venta no está permitida.

Mexican law
will bless the marriage,
be it straight or gay.
She sees no kinks in the knot,
however you want to tie it.

o

La ley mexicana
bendecirá el matrimonio,
sea hetero o gay.
Ella no ve torceduras en el nudo,
como quieras atarlo.

Now that witchcraft
is outlawed here,
wizards and quack healers, too,
how will I win your heart,
and if I can't, how will I cure mine?

o

Ahora que la brujería
es contra la ley aquí,
los magos y curanderos también,
¿cómo ganaré tu corazón?
y si no puedo, ¿cómo curaré el mío?

The Golden Rule:
you must always
be home for your repairman
and he must always be late
or postpone till *mañana*.

o

La Regla de Oro:
siempre hay que
esperar en casa al reparador
y él siempre debe llegar tarde
o posponer hasta mañana.

In Mexico,
where "in disrepair" is normal
and every house
has something needing fixing,
there is no word for repairman.

o

En México,
donde descompuesto es normal
y cada casa
tiene cosas que no funcionan,
no existe la palabra para él que arregla.

Why do you speak English to me
when I speak Spanish to you?
Though gringos abound,
don't forget:
*se habla español aquí.**

Spanish is spoken here.

o

¿Por qué me hablas inglés
cuando te hablo español?
Aunque los gringos abundan,
no olvides:
aquí se habla español.

Honk your horn, if you must,
but don't provoke a fight!
In Mexico
"shave and a haircut, two bits"
means *"chinga a tu madre, cabrón."**

Go f--- your mother, asshole!

o

¡Pita el claxon, si debes,
pero porfa no armes broncas!
En México
"shave and a haircut, two bits"*
se traduce a "chinga a tu madre, cabrón."

Antigua canción estadounidense: "Afeitada y peluqueada, dos monedas"

28

From under a truck
beside the ring road,
the better half of a man,
his round, brown buttocks
emerging from slipped jeans.

o

Bajo un camión
al lado del periférico,
la mejor mitad de un hombre,
sus nachas redondas de color castaño
saliendo de un pantalón deslizado.

Men follow her home
like starving curs seeking scraps.
They'll slink back later
to howl beneath her window
for whatever she may toss.

o

Hombres la siguen a casa
como perros callejeros buscando sobras.
Van a volver más tarde
a aullar bajo su ventana
a lo que les va a arrojar.

A few steps behind,
mysterious, unknown men
stalk the gringa home,
marking where to return
at midnight with a song.

o

Unos pasos tras ella,
hombres desconocidos
siguen a la gringa a casa,
notando donde regresar
a medianoche con serenata.

¡Te necesito!
¿Cómo puedo vivir sin ti?*
I will tell you how.
Stop complaining and go home
to your pregnant wife.

*I need you! How can I live without you?

o

¡Te necesito!
¿Cómo puedo vivir sin ti?
Te diré cómo.
Deja de quejarte y vuelve a casa
a tu esposa embarazada.

Blissfully myopic,
he craves no distance vision.
His eyes are level with her tits,
an odd couple
attempting tango.

o

Miope y felíz,
él sin ganas de ver a distancia.
Sus ojos están al nivel de sus pechugas,
una pareja dispareja,
intenta bailar tango.

Today in greeting,
men no longer lift your hand
and press it to their lips
while with a long, fixed stare
beseech for some reward.

o

Hoy al saludar,
los hombres ya no llevan tu mano
y la presionan contra sus labios
mientras con larga y fija mirada
esperan alguna recompensa.

*Pañuelo** above,
the thrill of making love intensifies.
Will our thunder
drop like a handkerchief
or crash like a ton of bricks?

Mexican boveda brick ceiling; also handkerchief

o

Pañuelo* en el techo,
el encanto de hacer el amor sube.
¿Caerá nuestro estruendo
como pañuelo
o lluvia de ladrillos?

El techo bóveda mexicano

The open window
admits the mixed aroma
of jasmine and skunk,
inseparable fusion
in the night air, in our bed.

o

La ventana abierta
admite el aroma mezclado
de jazmín y zorrillo,
fusión inseparable
en el aire nocturno, en nuestra cama.

First day of school!
New black shoes and backpacks,
short-skirted uniforms,
plaid and pleated to the knee,
white knee socks staying up.

o

¡Primer día de clases!
Zapatos negros y mochilas nuevas,
uniformes de falda corta
plisada hasta la rodilla,
calcetas blancas que no se bajan.

Like ocean waves,
swells of children's laughter,
rising, falling.
They kick the ball around the field,
scoring incidental.

o

Como olas del mar,
la risa de niños,
subiendo, bajando.
Patean la pelota en el campo,
los goles incidentales.

World Cup!
All México watching.
Each time she scores,
rockets and cheers explode
in unison across the nation.

o

¡Copa Mundial!
Todo México al tanto.
Cada vez que mete gol,
estallan cohetes y gritos
al unísono a través del país entero.

Culture confusion?
Don't know how the game* is played?
They come from people
who scored baskets with their hips,
and not winning, lost their heads.

*The prehispanic ballgame called pelota or ulama,
in which those who lost the game were
decapitated in a sacred ritual.

o

¿Confundido culturalmente?
¿No sabes las reglas del juego?*
Mexicanos descienden de padres
que encestaron con la cadera,
y si no ganaron, perdieron la cabeza.

*El juego prehispánico llamado pelota o ulama, en que
el equipo que perdieron el juego perdieron sus cabezas
ritualmente.

Mamá named him Jesús
in hopes he'd be her savior,
take care of Mamá.
That is why those named Jesús
prefer to be known as Chuy.*

*nickname for Jesús

o

Mamá le llamó Jesús,
esperando que fuera su salvador
y se hiciera cargo de mamá.
Por eso aquéllos de nombre Jesús
prefieren que les llamen Chuy.

Witch and wizard
shed their flesh in Oaxaca,
visit Chihuahua.
Out of body they fly
to drop in on loved ones.

o

Bruja y chamán
dejan su cuerpo en Oaxaca,
visitan Chihuahua.
Sin cuerpo vuelan,
pagan respetos a sus seres amados.

Throughout the village
spontaneous cacophony.
The canine chorus
completely unrehearsed
lifts up every voice and barks.

o

A lo largo del pueblo
cacofonía espontánea.
El coro canino,
todo improvisado,
levanta cada voz y ladra.

All day every day
at the dog shelter/art gallery,
orphaned mutts,
coddled and winsome,
adopt volunteers.

o

Todo el día todos los días
en el refugio canino/galería de arte,
perros huérfanos,
mimados y acariciados,
adoptan a voluntarios.

Song sheets,
leaves ripped from a book,
flutter up and down
the arroyo*—
kindling for drum lid tortilla stoves.

stream bed

o

Hojas de canciones
arrancadas de un libro,
revolotean arriba y abajo
a lo largo del arroyo,
leña para braseros.

It's guava season!
Cloying sweetness fills the nose.
They're rotting on trees,
squishing under foot—
good thing in excess gone bad.

o

¡Es la temporada de guayabas!
Su dulzura empalagosa colma el olfato.
Pudriéndose en los árboles,
aplastadas bajo pies -
lo bueno en exceso se corrompe.

Tulipan,
tree with brilliant blossoms
you could swear were tulips
until they drop,
dissolve into tear-soaked tissue.

o

Tulipán,
árbol de flores brillantes
podrías jurar que son tulipanes
hasta que se caen
y en tejido empapado de lágrimas se disuelven.

In the village square
perfectly cubed treetops
provide safe shade
for humans until dusk;
at 7:10 belong to birds.

o

En la plaza del pueblo,
copas de árboles en cubos perfectos
dan sombra segura
a la gente hasta el anochecer;
a las 7:10 pertenecen a los pájaros.

Only at night
the Queen of the Night* opens
to seduce one moth,
her blossom spent by dawn
whether or not he comes.

*Spanish name for Night Blooming Cereus

o

Sólo en la noche
se abre la Reina de Noche
para seducir a una polilla,
su florecer gastado al amanecer,
venga o no él.

The horse's day is long,
tethered roadside,
grazing, breathing fumes.
At day's end he gallops home,
infant asleep in his rider's arms.

o

El día del caballo es largo,
atado al lado de la carretera,
pastando, inhalando humos.
Al fin del día galopa a casa,
bebé dormido en brazos del jinete.

Men and their horses
at ease all day in the shade
awaiting riders
to the shore or waterfall
or leisurely to nowhere.

o

Los hombres y sus caballos,
contentos todo el día a la sombra,
en espera de jinetes
a la playa o a la cascada
o tranquilamente a ninguna parte.

The rodeo begins.
The music is ear-splitting.
Thank you, Lord, for silent prayer
that cowboys thrown from
raging bulls be spared.

o

¡La charreada comienza!
La música rompe los tímpanos.
Gracias al Señor por la oración silenciosa
para que los vaqueros lanzados
por los toros furiosos sean salvados.

Horses and riders
attend mass together
in hopes that one day,
joined in the saddle,
they'll trot to a heavenly *charro.**

rodeo; shortened form of charreada

o

Caballos y jinetes
van a la misa juntos
con la esperanza de que un día,
unidos en la silla,
trotarán a la charreada celestial.

Thirty minutes drag
between each *charro* event.
Los mexicanos
ask me, where is your picnic
and where is your *cerveza?**

*beer

o

Treinta minutos se arrastran
entre los eventos charros.
Los mexicanos me preguntan,
¿dónde está tu picnic?
y ¿dónde está tu chela?

The *Adelitas**
of the *charro* ride sidesaddle
lest they discover
too soon the pleasures
of straddling a galloping steed.

*Young highly skilled female equestrians

o

Las Adelitas de la charreada
montan a la amazona
para que no descubran
demasiado pronto los placeres
de montar a horcajadas un caballo galopante.

In our village *charreada*,
many Ferdinands.
Bulls ignore
the taunts of red handkerchiefs,
glom onto the exit gate.

o

En la charreada de nuestro pueblito
hay muchos Fernandos.
Los toros ignoran
las burlas de pañuelos rojos,
merodean a la puerta de salida.

The farrier's shop
is the cobblestone street
in front of his door.
Horses hitch up, try on shoes,
test them on cobblestones.

o

El taller del herrador
es la calle empedrada
frente a su puerta.
Los caballos vienen, se ponen en los zapatos nuevos,
y los prueban en las piedras.

Horse and farrier
share an exchange of trust:
the horse gives his hoof
to be pried, hammered, nailed,
while secured in the farrier's crotch.

o

Caballo y herrador
comparten un intercambio de confianza:
el caballo da la pezuña
para ser arrancada, martillada, y clavada,
mientras sostenida en la entrepierna del herrador.

Under a full moon,
mares plunge into the lake,
splash with abandon.
Washing away the day's dust,
they cavort with glistening stallions.

o

Bajo la luna llena
yeguas se zambullen en el lago,
salpicándose con abandono.
Lavándose el polvo del día,
retozan con sementales brillantes.

He let himself go
and she let herself go, too,
but where did they go?
Off they went to Mexico
to stay young till time to go.

o

Él se fue
y ella se fue también,
pero ¿adónde se fueron?
Se fueron a México
para permanecer jóvenes hasta la hora de irse.

Gringos are "retired,"
Mexicans, *"jubilados."**
The only problem is—
how can they be joyful
without the work they love?

*retired; the Mexican words for retirement
and jubilation are the same.*

o

Los gringos son "retired,"
los mexicanos, "jubilados."
El único problema es—
¿cómo pueden sentirse jubilosos
sin el trabajo que disfrutaban?

The guard at El Dorado
salutes the *jubilados*
passing through
as though they were officers
of the highest rank.

o

El guardia de El Dorado
saluda a los jubilados
cuando pasan
como si fuesen oficiales
del más alto rango.

Some have fled the cold;
some, humidity and heat.
Others left the stress—
to find they can't endure
the ennui of Paradise.

o

Algunos han huido del frío;
algunos de la humedad y el calor.
Otros dejaron el estrés—
sólo para descubrir que no pueden soportar
el tedio del Paraíso.

Gringos search for signs
of the autumnal equinox,
but all they see is
traffic at a standstill.
The snowbirds have returned.

o

Gringos buscan los signos
del equinoccio de otoño,
pero todo lo que ven
son los embotellamientos.
Las aves migratorias han vuelto.

Traffic lights installed,
our *carretera's* more fun.
You now must gamble
when it's your turn to go—
only the red light is working.

o

Los semáforos installados,
es más divertida la carretera.
Ellos nos hacen adivinar
cuando podemos adelantar—
sólo funciona la roja.

Lunching gringas,
ravenous for the fat life,
choose Mexico
to pile high the plate,
followed with *cajas para llevar.**

to-go boxes

o

Gringas almorzando,
voraces por la vida gorda,
eligen a México
para apilar alto el plato
seguido por cajas para llevar.

In this land
of blinding sun and dark beauty,
the gringa sees herself too pale,
craves the purple tunic
with the bright magenta trim.

o

En esta tierra
de sol cegador y belleza morena,
la gringa se ve a sí misma como pálida,
anhela la túnica morada
con el borde de magenta brillante.

As we lunch upstairs
we gaze down on Conchita
throwing high her rope
into the forks of two trees
on which she'll hoist her weavings.

o

Mientras almorzamos
desde arriba contemplamos a Conchita
lanzando su cuerda a lo alto
a las horquillas de dos árboles
sobre las cuales colgará sus tejidos.

Her bright rugs hung high
lure tourists on the beach.
Fat rain starts to fall.
In a flash the rugs descend,
fill the cart, were never there.

o

Sus tejidos coloridos colgados en lo alto
atraen a los turistas en la playa.
Comienza a caer la lluvia.
En un instante descienden los tejidos,
llenan el carro, nunca estuvieron allí.

Diners wear jeans;
waiters tuxedos—
neither out of place.
Each is dressed according to role,
both frayed around the edges.

o

Los comensales se visten de jeans;
los meseros de smoking—
ni uno ni otro fuera de lugar.
Cada uno se viste de acuerdo a su función,
ambos con bordes deshilachados.

An ancient herdsman
grazes his scrawny goats
on roadside hardscrabble
while nearby verdant pastures
blanket the mountain slope.

o

Un pastor anciano
apacenta sus cabras flacas
en la grava por la carretera
mientras pastos verdes
cubren las pendientes cercanas.

The indigenous guides
who led us up the mountain,
nuestros amigos,
now claim our house and land.
We have this thing in common.

o

Los indígenas
que nos guiaron en la montaña,
nuestros amigos,
ahora reclaman nuestra casa y tierra.
Tenemos ésto en común.

For him life's too short
to spend it walking a dog.
Three dogs at a time
is almost tolerable,
run from the seat of his bike.

o

Para él la vida es demasiado corta
para pasarla paseando un perro.
Tres perros a la vez
es casi tolerable,
desde el asiento de su bici.

It doesn't matter
that the masseuse is small.
Her hands are knowing:
fingertips with x-ray eyes
find the pain beneath the skin.

o

No importa
que la masajista sea pequeña.
Son sabias las manos:
sus dedos con ojos de rayos X
encuentran el dolor bajo la piel.

José,
selling rugs
by the side of the highway,
survives the tedium
reliving favors bartered for rugs.

o

José,
vendiendo tapetes
al lado de la carretera,
sobrevive al tedio
reviviendo favores cambiados por tapetes.

For your offense
the "kissing cop" will offer
a special way to pay—
a smack, a peck, a pucker up—
the ladies' *mordida.**

*bribe; literally "bite"

o

Por su infracción
 el "policía que besa"
te ofrecerá una solución especial—
un pico, un beso o unos labios fruncidos—
la mordida para damas.

When the stupid policeman
asked me for a mordida,
I gave it to him.
I bit his pinche arm
leaning on my open window.

o

Cuando el pendejo policía
me pidió una mordida,
se la dí.
Mordí su pinche brazo
apoyado en la ventana de mi auto.

Who does not adore
la Doctora Ana,
village dentista?
We say ah-h-h-h, invite her fingers
to wander through our teeth.

o

¿Quién no adora
a la doctora Ana,
la dentista del pueblo?
Decimos ah-h-h, invitamos a sus dedos
a vagar entre nuestros dientes.

Raúl the gardener,
who speaks the language of flowers,
kneels among the callas
and asks why gringos
expect him to speak only English.

o

Raúl, el jardinero,
que habla la lengua de las flores,
se arrodilla entre los alcatraces
y pregunta por qué los gringos
lo esperan que hable sólo inglés.

We learn from Jesús,
dancing teacher, the lost art
of keeping the beat—
moving with grace to music,
ignoring a gaping wound.

o

Aprendemos de Jesús,
maestro de baile, el arte perdido
de mantener el ritmo—
moviéndose con gracia a la música,
ignorando la herida abierta.

Mexican bootblacks
take it slow,
shine only an excuse
to solve the world's problems
one shoe at a time.

o

Los boleros mexicanos
se toman su tiempo,
el brillo tan sólo excusa
para resolver los problemas del mundo
un zapato a la vez.

Every day the dust!
She flicks water on the floor
then deftly wields
her broom of bundled branches
before earth reverts to dust.

o

¡Cada día el polvo!
Ella salpica agua en el piso
y hábilmente maneja
la escoba de ramas
antes de volver la tierra al polvo.

El agachado,*
hardworking *campesino***
lost in siesta,
trapped in a sculptor's image
as forever lazy.

*Image of Mexican peasant sleeping   **peasant

o

El agachado,*
campesino trabajador,
perdido en siesta,
atrapado para siempre como perezoso
en la imagen de un escultor.

*Imagen de campesino mexicano durmiendo

That mariachi
is crooning just to me,
wants to take me home
and not to meet his mother.
I smell the bull in him.

o

Aquel mariachi
me está cantando solamente para mí,
quiere llevarme a casa
y no para presentarme a su mamá.
Huelo tanto rollo en él.

In a cowboy suit
bedizened with silver,
the mariachi
croons us to tears.
His schmaltz measures up to the suit.

o

En traje de charro
adornado con plata,
el mariachi nos canta
hasta las lágrimas,
su sentimentalismo a la altura del traje.

My favorite mode
of transportation, these legs.
Back and forth we go,
wearing out re-treads,
wearing ruts in cobblestones.

o

Mi modo preferido
de transporte, estas piernas.
A un lado para otro vamos,
desgastando zapatos reencauchados,
haciendo surcos en las calles empedradas.

Hobbling through this pueblo
on *calles empedradas,**
feet torqued with pain,
I marvel how each stone
was set by human hand.

**Streets of rough, found stones embedded in
the mud, as opposed to cobblestones, which
are smooth manufactured pavers.*

o

Caminando a través del pueblo
sobre las calles empedradas,
los pies torcidos con dolor,
me maravillo como cada piedra
era empotrada por mano humana.

Step by step the sole
gives itself to the pavement
until it's worn through.
The man with a tattered frond
for a broom sweeps all away.

o

Paso a paso, la suela
se acaba en el suelo
hasta deshacerse.
El hombre con su escoba de palma andrajosa
lo barre todo por la borda.

Bite if you must,
winged torture machine,
but don't serenade me first.
Your music
is insincere foreplay.

o

Pícame, si debes,
máquina alada de tortura,
pero no me des serenata.
Tu música es
coqueteo insincero.

Scorpion
in my dry tub,
not your fault really.
I must do away with you.
We cannot bathe together.

o

Alacrán
en mi tina vacía,
realmente no es tu culpa.
Tengo que matarte.
No podemos bañarnos juntos.

Scorpion shoes
on a pedestal bedside
will walk you
to the bathroom at night
armored against the stinging tail.

o

Zapatos para alacranes
en el pedestal al lado de la cama
te guiarán
al baño por la noche
armado contra el aguijón ponzoñoso.

Those who hold their breath
will not inhale
a bouquet of white flies
swarming invisibly
in manic flux.

o

Aquéllos que contienen la respiración
no inhalarán
un ramo de moscas blancas,
nube invisible
en flujo frenético.

In this posh garden,
no less than in the gutter,
flies dine.
They aren't picky eaters,
respect no class distinctions.

o

En este jardín popis,
nada menos que en la cuneta,
las moscas cenan.
No son comedores quisquillosos,
tampoco respetan diferencias de clase.

They never slack off,
the Mexican ants.
They just don't get it,
the concept of siesta—
like us before we moved here.

o

No son zánganas,
las hormigas mexicanas.
Simplemente no entienden
el concepto de siesta—
como nosotros antes de mudarnos aquí.

After making love
the praying mantis preys
on her spent mate.
Why not? He's useless to her now!
Exhausted, he's consumed by her.

o

Después de hacer el amor,
la mantis rezando presa
de su agotado compañero.
¿Por qué no? ¡Es inútil ahora!
Exhausto, él se consume por ella.

Lightning bug,
mysterious night twinkler.
In Taxco *muchachos*
rub their bodies with your magic dust,
steal your glow.

o

Luciérnaga,
misteriosa luz nocturna.
En Taxco los muchachos
frotan sus cuerpos con tu polvo mágico,
roban tu resplandor.

Flowers galore!
Cravings of all hummingbirds
easily sated.
At daybreak they report for work,
snort nectar till day is done.

o

¡Flores en abundancia!
El apetito de todos los colibríes
es fácilmente saciado.
Desde que amanece se dedican a trabajar,
chupando néctar hasta el ocaso.

Intermittent
shrill plea for overdue rain,
rainbirds* intone
the parched lament we stifle
in time of no water.

*English slang for cicadas

o

De cuando en cuando
chillan por lluvia retrasada.
Las chicharras entonan
el lamento reseco que reprimimos
durante la temporada de secas.

Dry season in June,
suspense permeates the air.
Come soon,
fat globules, to smack our dust
percussively like salvation.

o

Temporada de secas en junio,
el aire impregnado de suspenso.
Vengan pronto, glóbulos gordos,
a golpear nuestro polvo,
percutiendo como la salvación.

The full moon ascends
high over the *malecón*,*
the fishermen's boats,
the fish, and the fishermen.
On benches *gorditos*** make out.

*levee **affectionate term for fat people*

o

La luna llena asciende
sobre el malecón,
sobre las canoas,
los peces y los pescadores.
En las bancas los gorditos se ponen cariñosos.

Last thing
I ever dreamed
would come between
me and my lake, did—
*Pinche** Walmart!

*Darn

o

Lo último
que jamás soñé
se entremetería entre
mí y el lago, lo hizo—
¡Pinche Walmart!

*Tapatíos**
drink the top off our lake.
Sometimes it's bottoms up!
Lakeside is mudslide when low
and spirits go down with the lake.

Natives of Guadalajara

o

Los Tapatíos
beben la parte superior de nuestro lago,
a veces casi al fondo,
haciendo la ribera lodosa.
Nuestro estado de ánimo baja con el lago.

Hurricane blown by,
lake a pewter mirror.
An egret rests
in stark arms of a dead tree
as dad and son scavenge the beach.

o

Pasado el huracán,
el lago es un espejo de peltre.
Una garza descansa
en brazos de un árbol muerto
mientras papá e hijo buscan tesoro en la playa.

How hard we labored
to rid the lake of *lirios**
and now they're back,
voracious beauty run amok,
determined to conquer.

*hydrilla; water lilies

o

Que duro laboramos
para limpiar de lirios el lago
y ya están de vuelta,
voraz belleza fuera de control,
resuelta a conquistar.

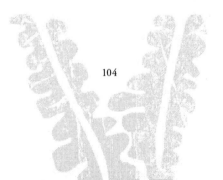

Astride a phone wire
a pair of running shoes
dangles by its laces
above calle E. Rosas
in mid-air, no traction.

o

A horcajadas un cable telefónico
un par de zapatos atléticos
cuelga de las cintas
por encima de la calle E. Rosas
en el aire, sin tracción.

The body of Christ
sees the light of day today,
leads the procession
circling the *zócalo**
to the beat of a brass band.

*plaza, or town square

o

El cuerpo de Cristo
hoy ve la luz del día
a la cabeza de la procesión
girando alrededor del zócalo
al son de la banda del pueblo.

Bright floral patterns,
dyed pine needles on cobblestones,
adorn the path
on which the body of Christ
is carried through the village.

o

Diseños florales de colores vivos,
agujas de pino teñidas,
adornan las calles empedradas
por donde el cuerpo de Cristo
se lleva a través del pueblo.

In the procession
a man catches my eye.
He likes me, I think.
From his bag a confetti egg;
I'm baptized with paper bits.

o

En la procesión
un hombre me llama la atención.
Le gusto, creo.
De su bolsa un huevo de confeti;
soy bautizada con trocitos de papel.

Lining our roads,
shrines to young martyrs
who sacrificed all
to trees, cliffs, and ditches
in the name of speed and tequila.

o

A lo largo de nuestras carreteras
hay cruces para mártires jóvenes
que hicieron el sacrificio supremo
a los árboles, acantilados y las zanjas
al nombre de la velocidad y el tequila.

The cemetery,
festooned with rainbow shades
of plastic tributes—
garden of skeletons
awaiting the fiesta.

o

El panteón,
adornado con tonos arco iris
de las coronas de plástico—
jardín de las calacas
esperando la fiesta.

Dread of the morning.
Sad to take the long north road,
perhaps not return.
I'll leave my village sleeping
snug in rose clouds at dawn.

o

El pavor matutino.
Que triste tomar el largo camino al norte,
tal vez no regresar.
Dejaré mi pueblo durmiendo
cómodamente en las nubes rosadas al amanecer.

To Toluca
let's take the scenic shortcut*
on treacherous mountain roads.
I fear the curves and clouds
less than yesterday's shootings.

*Highway from Huízilac to Toluca, México

o

A Toluca
tomemos el atajo escénico*
por caminos sinuosos de montaña.
Le temo a las curvas y nubes
menos que a los tiroteos de ayer.

*Camino de Huízilac a Toluca, México

One can't distinguish
the god from the conqueror.
Ask Moctezuma—
Quetzalcóatl* and Cortés?
Expats with beards from afar?

*Pale-faced god worshipped by the Aztecs as
the Plumed Serpent. The Aztecs welcomed
Cortés, mistaking him for the returning god.

o

No se puede distinguir
al dios del vencedor.
Pregúntale a Moctezuma—
¿Quetzalcóatl y Cortés?
¿Forasteros con barbas de lejos?

Will he come again,
pale-faced Quetzalcóatl?
Many are fishing
from the Lake Chapala pier*
known as *Rinconcito del Amor.***

*Some believe he will return out of Lake Chapala.
**Love's little corner, or hideaway

o

¿Regresará,
el pálido Quetzalcóatl?
Muchos están pescando
desde el muelle de Chapala
nombrado el Rinconcito del Amor.

Chac Mool* still reclines,
empty platter on tummy
at pyramid's peak,
like us, hungry for hearts,
eyes averted from slaughter.

*Toltec statue

o

Chac Mool todavía se reclina,
su plato vacío sobre la panza
al pico de la pirámide,
como nosotros, hambrientos de corazones,
la mirada evitando la masacre.

Will this be my home
or will I always be gringa?
My heart is open
on Huitzilopochtli's* platter.
What more is there to give?

*Aztec god of the sun and war, to whom many
human hearts were sacrificed.

¿Será éste mi hogar
o seré siempre gringa?
Mi corazón está abierto
en la fuente de Huitzilopochtli.
¿Qué más puedo dar?

ABOUT THE AUTHOR/ACERCA DE LA AUTORA

Margaret Van Every lived most of her adult life in Tallahassee, Florida, where she was involved for many years in music education and concert production. In 2010 she settled permanently in a village near Chapala, Jalisco, in central Mexico. Through her association with poet Jim Tipton, she discovered tanka as the ideal vehicle for expressing her observations on life in her adopted culture.

Margaret Van Every vivió la mayor parte de su vida adulta en Tallahassee, Florida, donde durante muchos años participó en el campo de educación musical y la producción de conciertos. En el año 2010 se mudó permanentemente a un pueblo cerca de Chapala, Jalisco, en la zona central de México. A través de su asociación con el poeta Jim Tipton, halló en tanka el vehículo ideal para expresar sus observaciones acerca de la vida en su país adoptado.

Robert Burke is a resident of Tallahassee, Florida, and has been a long time acquaintance of Margaret Van Every. Margaret and Robert share a fondness for Latin culture and creative artistic expression. Robert was a Peace Corps volunteer in Bolivia, had a career in museum exhibition design, and is presently retired. He delights in creating digital photographic compositions.

Robert Burke vive en Tallahassee, Florida. Él y Margaret Van Every se conocen desde hace largo tiempo. Robert y Margaret comparten un afecto especial por la cultura y expresión artística latina. Robert sirvió como voluntario con el Cuerpo de Paz en Bolivia, y profesionalmente se dedicó al diseño de exhibiciones para museos. En el presente, durante su jubilación, disfruta de la creación de composiciones fotográficas digitales.

Andrés Velásquez, a New Yorker of Colombian descent, lives in California. He was a professional translator for GE while working several years in high tech in Silicon Valley, and he briefly enjoyed the role of expat in Mexico while employed with Sun Microsystems. At present he is a sculptor/painter and unreformed hedonist who derives particular pleasure from multilingual literature.

Andrés Velásquez, un Neoyorquino de ascendencia Colombiana, vive en California. Actuó durante varios años como traductor técnico para General Electric durante su carrera en alta tecnología en Silicon Valley, y brevemente disfrutó el papel de ser ex-patriota en México para Sun Microsystems. Actualmente se dedica a la escultura y pintura y es hedonista irreformable quien deriva un placer particular de la literatura multilingüe.

Rubén Varela was born and raised in Jocótepec, Jalisco, a village on the west end of Lake Chapala. He lived for 32 years in Los Angeles, where he practiced a variety of trades and mastered his English. After returning to Jocótepec in 2000, he became a successful restaurateur, mariachi, and teacher of Spanish in the colorful village idiom of the Lakeside region.

Rubén Varela nació y creció en Jocótepec, Jalisco, un pequeño pueblo en la ribera occidental del Lago de Chapala. Vivió durante 32 años en Los Angeles, donde se dedicó a varias profesiones y pulió su inglés. Tras su retorno a Jocótepec en el año 2000, se convirtió en un exitoso restaurador, mariachi y maestro de español del pintoresco idioma de la región.